¿QUÉ HAY DEBAJO DEL MAR?

Sophy Tahta
Diseñado por Sharon Bennet
Ilustrado por Stuart Trotter
Consultora: Sheila Anderson
Traducido por Martha B. Larese Roja
Supervisado por Beatriz Borovich

CONTENIDO

Debajo del mar

Bajo la superficie del mar existe un mundo sorprendente de criaturas marinas, arrecifes de coral, restos de naufragios y cañerías enterradas. Cosas diferentes se hallan en las distintas partes del mar, desde su superficie hasta su lecho.

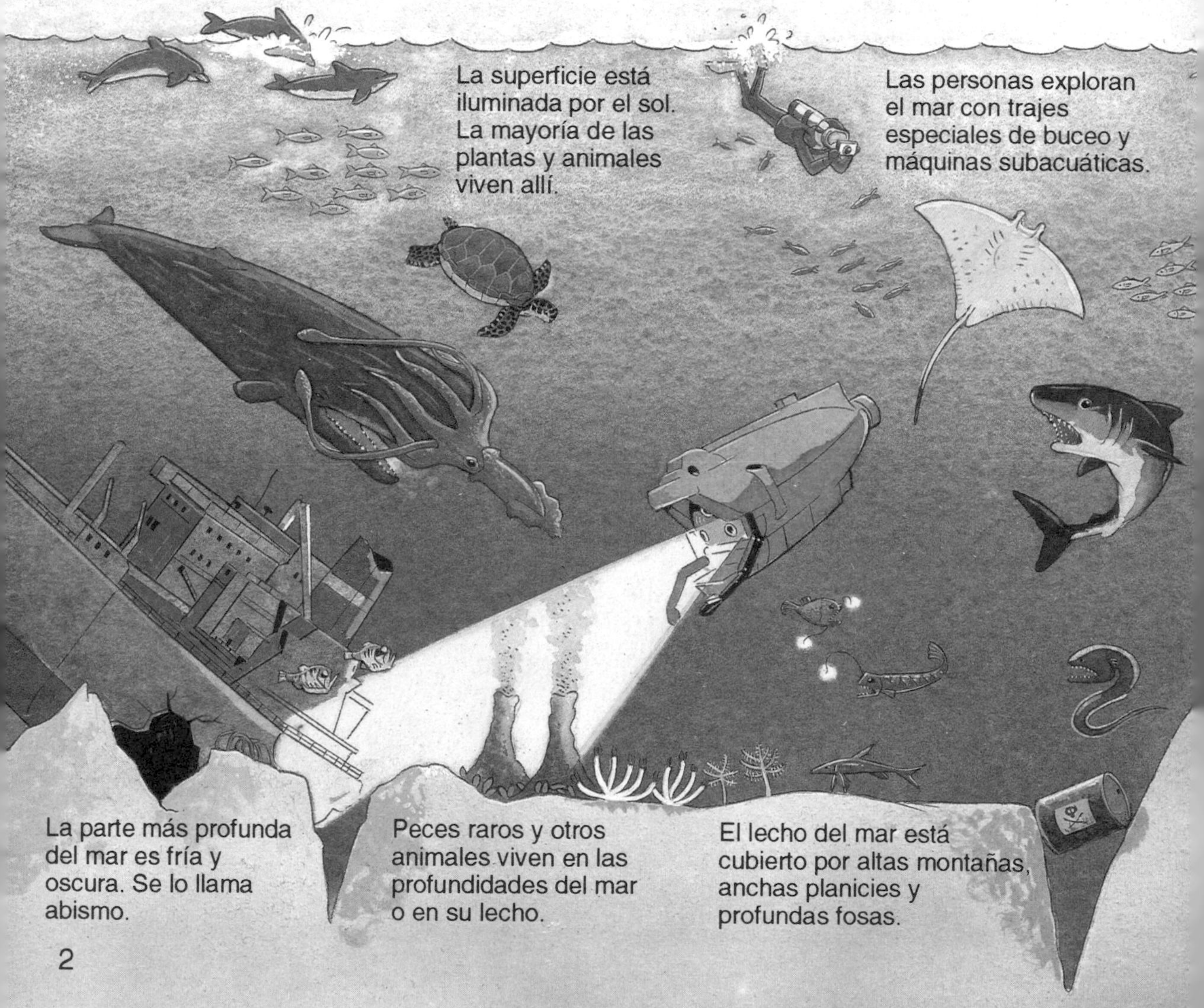

La superficie está iluminada por el sol. La mayoría de las plantas y animales viven allí.

Las personas exploran el mar con trajes especiales de buceo y máquinas subacuáticas.

La parte más profunda del mar es fría y oscura. Se lo llama abismo.

Peces raros y otros animales viven en las profundidades del mar o en su lecho.

El lecho del mar está cubierto por altas montañas, anchas planicies y profundas fosas.

Muchos animales viven en el mar cercano a la costa, donde es menos profundo. La gente pesca allí y hace perforaciones para obtener petróleo.

Los ríos y la lluvia le aportan sal y otros minerales desde la tierra hacia el fondo del mar.

El fondo del mar se eleva abruptamente cerca de la costa. Esta parte se llama plataforma continental submarina.

La cadena alimenticia del océano

Todos los animales del mar dependen de los otros para alimentarse. Los pequeños son comidos por los grandes, quienes a su vez, son devorados por otros más grandes. Esto es llamado cadena alimenticia del océano. Comienza con millones de minúsculas plantas y animales, llamadas fitoplancton y zooplancton.

El fitoplancton flota sobre la superficie. Usa la luz del sol y los minerales del agua para alimentarse.

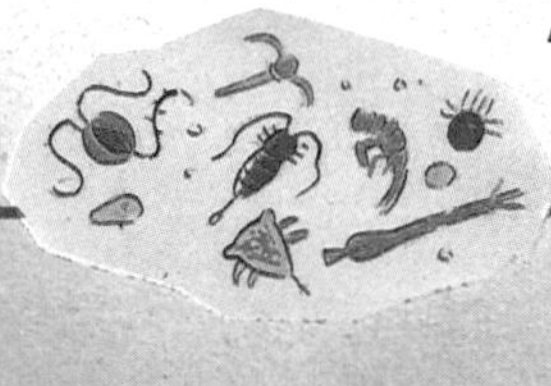

El zooplancton come el fitoplancton. Algunos zooplancton son los bebés de otros más grandes.

Los peces pequeños comen zooplancton. A su vez, ellos son comidos por peces más grandes.

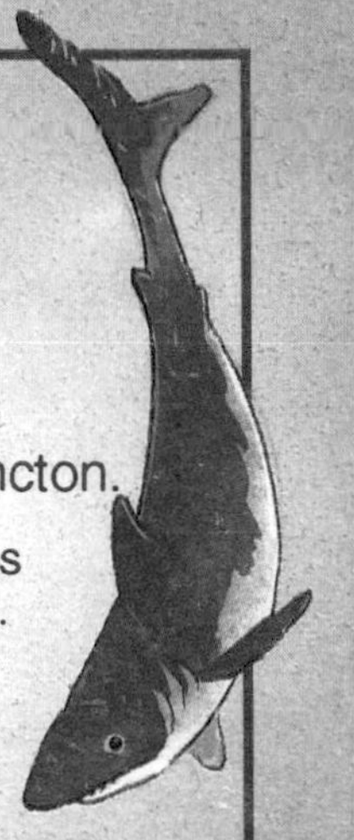

Mares del mundo

Más de los dos tercios de la superficie terrestre está cubierta por el mar. Sus partes diferentes tienen distintos nombres y las áreas más grandes son llamadas océanos. Todos los océanos y mares del mundo abiertos están vinculados entre sí.

Los mares más cálidos están cerca del Ecuador, una línea imaginaria alrededor del centro de la Tierra.

Los mares más fríos están cerca de los Polos Norte y Sur, bien lejos del Ecuador.

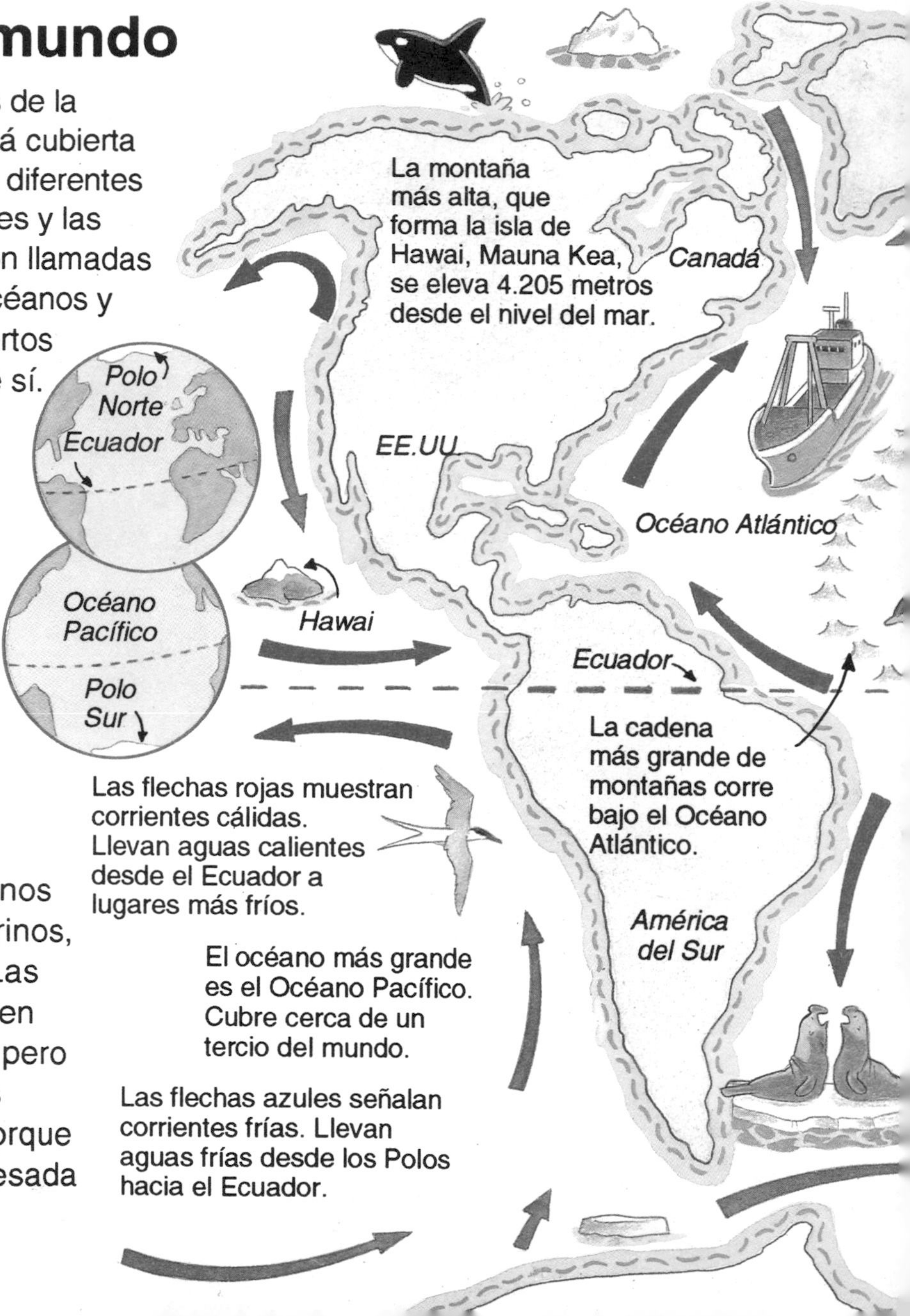

La montaña más alta, que forma la isla de Hawai, Mauna Kea, se eleva 4.205 metros desde el nivel del mar.

La cadena más grande de montañas corre bajo el Océano Atlántico.

Las flechas rojas muestran corrientes cálidas. Llevan aguas calientes desde el Ecuador a lugares más fríos.

El océano más grande es el Océano Pacífico. Cubre cerca de un tercio del mundo.

Las flechas azules señalan corrientes frías. Llevan aguas frías desde los Polos hacia el Ecuador.

Corrientes

El agua se mueve alrededor de los océanos formando ríos submarinos, llamados corrientes. Las corrientes cálidas fluyen cerca de la superficie pero las frías lo hacen más abajo. Esto sucede porque el agua fría es más pesada que la caliente.

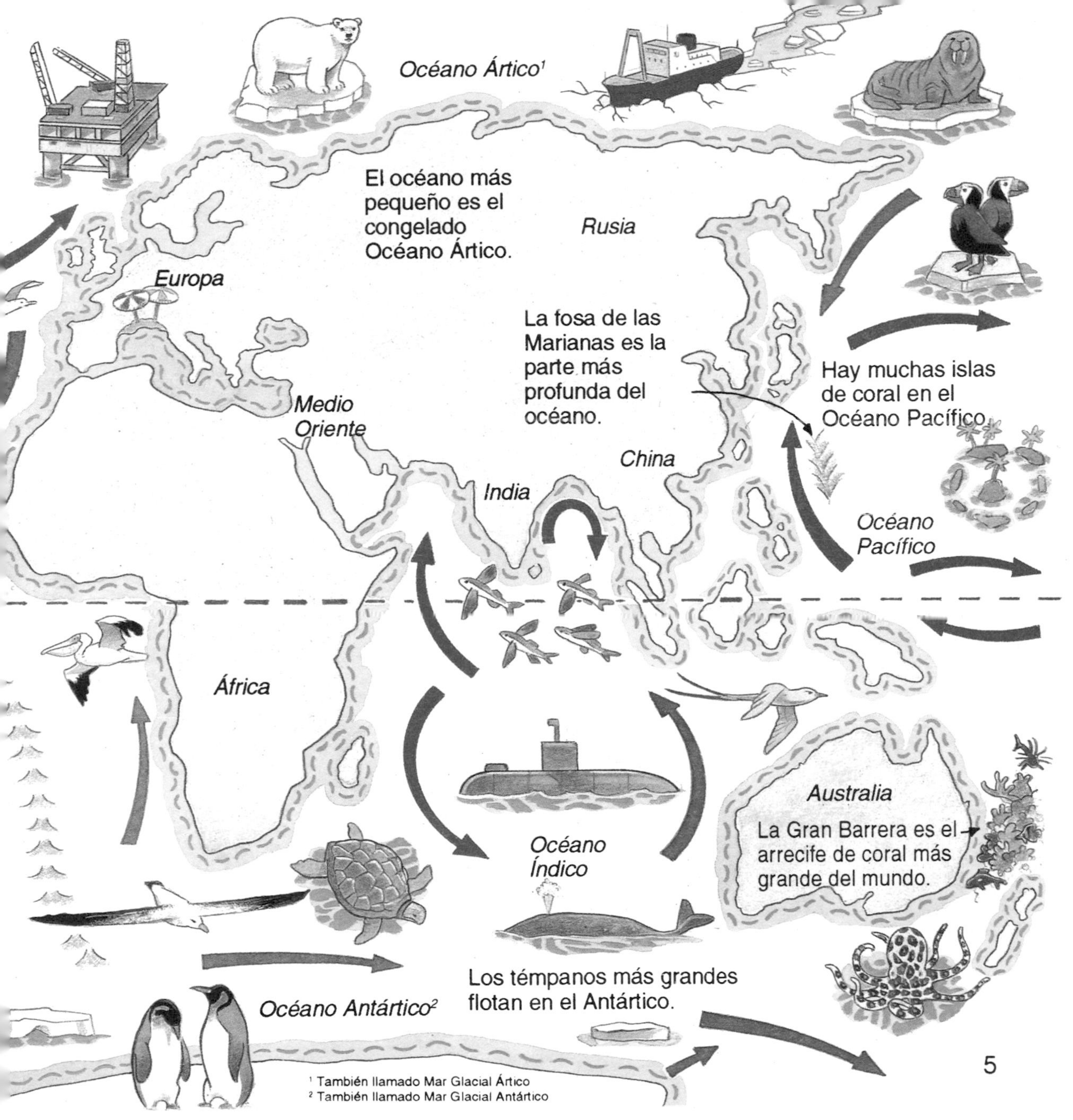

Océano Ártico[1]
El océano más pequeño es el congelado Océano Ártico.
Rusia
Europa
La fosa de las Marianas es la parte más profunda del océano.
Hay muchas islas de coral en el Océano Pacífico.
Medio Oriente
China
India
Océano Pacífico
África
Australia
La Gran Barrera es el arrecife de coral más grande del mundo.
Océano Índico
Los témpanos más grandes flotan en el Antártico.
Océano Antártico[2]

[1] También llamado Mar Glacial Ártico
[2] También llamado Mar Glacial Antártico

¿Qué es un pez?

Más de 20.000 especies de peces viven en el mar. Son animales cubiertos de escamas, con aletas y de sangre fría. Esto significa que sus cuerpos siempre tienen la misma temperatura que el mar.

Manteniéndose a flote

La mayoría de los peces tiene una bolsa de aire, como un globo pequeño y delgado, dentro de ellos. Se llama vejiga natatoria y los ayuda a mantenerse a flote en el agua, sin tener que nadar.

¿Cómo respiran los peces?

Los peces necesitan oxígeno para vivir y no pueden respirar a través del aire. Pero el agua también contiene oxígeno y los peces tienen partes especiales llamadas branquias que toman el oxígeno del agua.

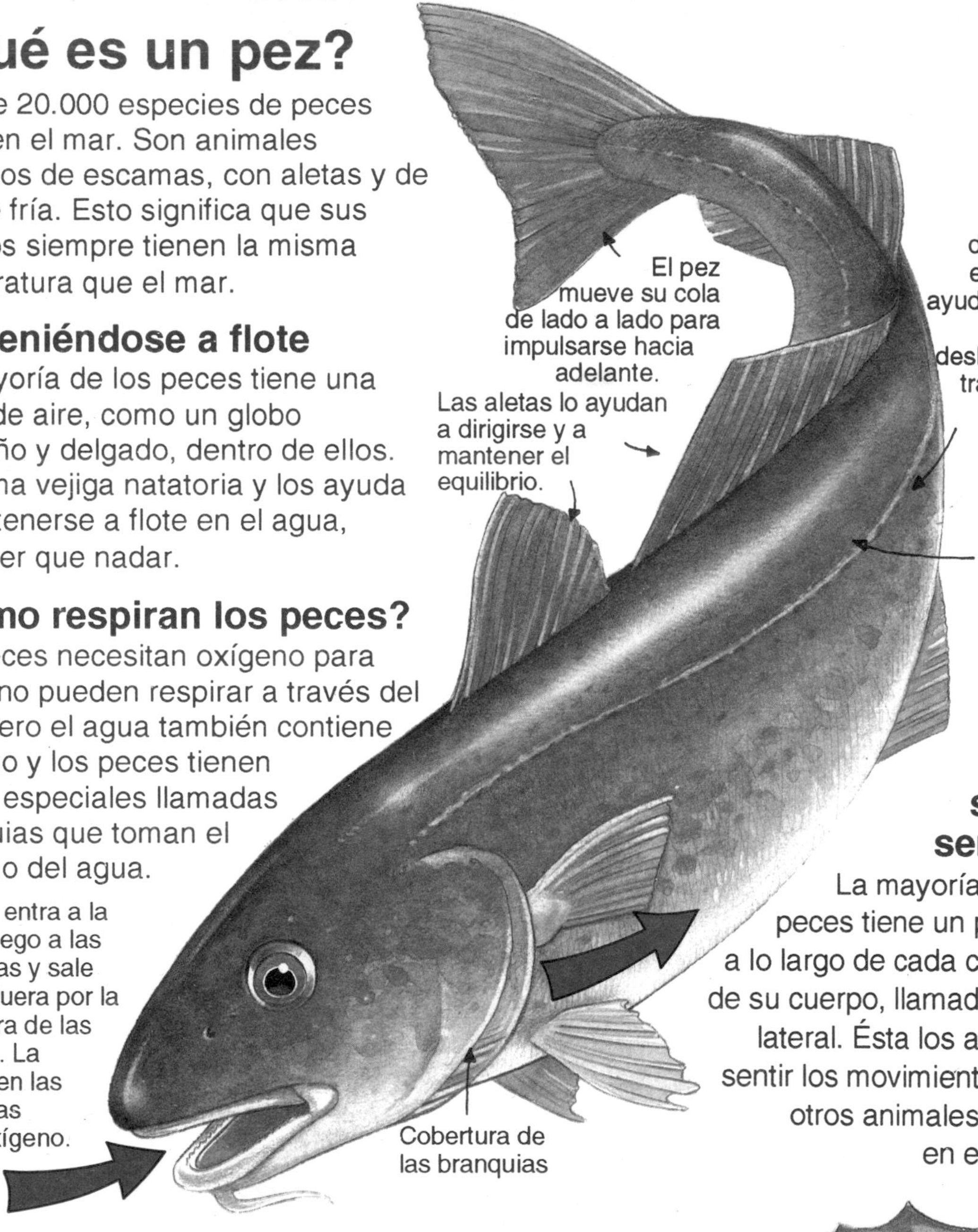

El pez mueve su cola de lado a lado para impulsarse hacia adelante.
Las aletas lo ayudan a dirigirse y a mantener el equilibrio.
Las delgadas escamas ayudan a los peces a deslizarse a través del agua.
Línea lateral
Cobertura de las branquias
El agua entra a la boca, luego a las branquias y sale hacia afuera por la cobertura de las mismas. La sangre en las branquias toma oxígeno.

Un sexto sentido

La mayoría de los peces tiene un pliegue a lo largo de cada costado de su cuerpo, llamado línea lateral. Ésta los ayuda a sentir los movimientos que otros animales hacen en el agua.

Peces de mares profundos

Algunos de los peces más raros viven en las profundidades del mar, donde es oscuro y frío. Ellos tienen maneras especiales de encontrar comida.

El pez víbora atrae a los peces con las luces de su cuerpo y los atrapa.

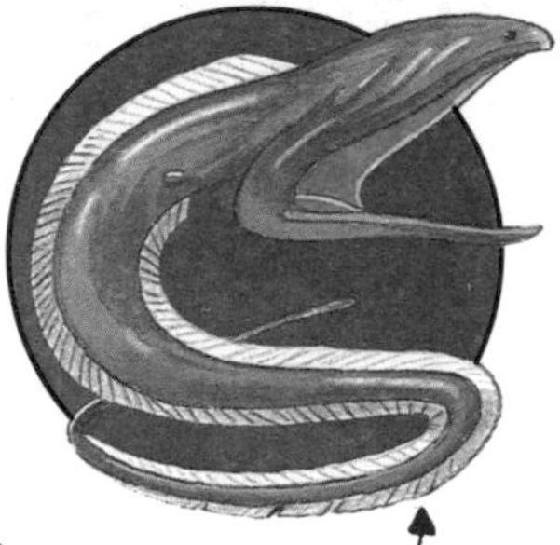

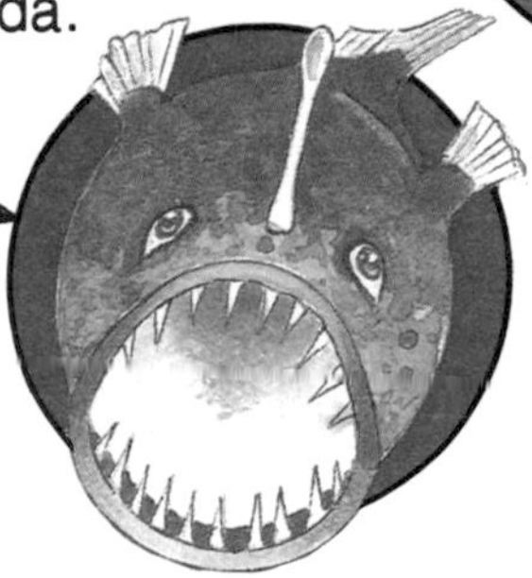

El pez sapo tiene una luz en su cabeza. Los peces nadan hacia ella y el pez sapo se los traga.

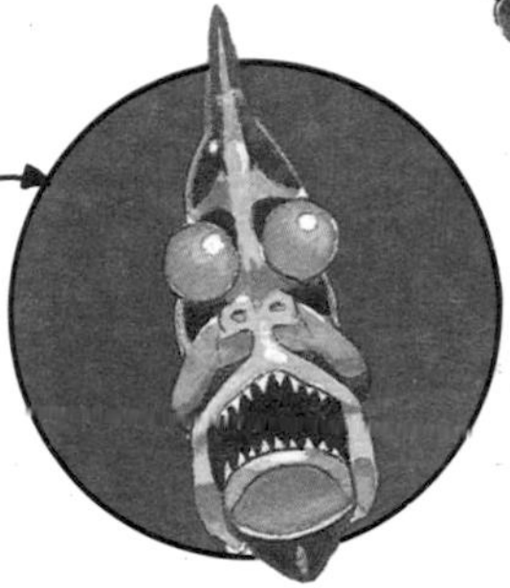

El pez hacheta tiene ojos enormes y saltones que le indican dónde buscar comida.

La anguila tragona devora los peces con su profunda boca y largo y delgado cuerpo.

Tiburones y rayas

Los tiburones y las rayas están entre los peces más grandes del mar. Ellos no tienen vejigas natatorias así que deben nadar continuamente o se hundirían.

Los tiburones tienen hileras de afiladísimos dientes. Cuando los dientes frontales se gastan, los de atrás se mueven y toman su lugar.

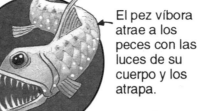

Gran tiburón blanco

La raya manta menea sus aletas laterales para nadar. Salta fuera del agua para escapar del peligro.

Ballenas

Las ballenas son los animales marinos más grandes. No son peces sino mamíferos. Respiran aire. También tienen sangre caliente, lo que significa que sus cuerpos se mantienen calientes aun cuando el mar está frío.

Estas ballenas tragan agua y kril. Luego filtran hacia afuera el agua, a través de las láminas córneas de su mandíbula.

Barbas de ballena

Algunas ballenas, como las ballenas jorobadas, no tienen dientes. Poseen en cambio láminas córneas en la mandíbula superior, que parecen flecos de cerdas (barbas). Estas ballenas comen pequeños langostinos llamados kril.

La ballena sale a la superficie para respirar aire a través del espiráculo que tiene en su cabeza.

Las ballenas están cubiertas por gruesas capas de grasa que las mantienen calientes.

Ballenas en peligro

Tantas ballenas han sido cazadas que ya quedan muy pocas. La mayoría de los países han parado de cazarlas, pero algunos todavía lo hacen.

Ballenas con dientes

Otras ballenas, como los cachalotes, tienen dientes afilados para poder comer peces, calamares y otros animales. Encuentran comida emitiendo CLICS (sonido producido por succión bucal).

Estos CLICS rebotan en los animales que se hallan en su camino y envían de vuelta ecos. La ballena escucha los ecos para averiguar dónde está el animal.

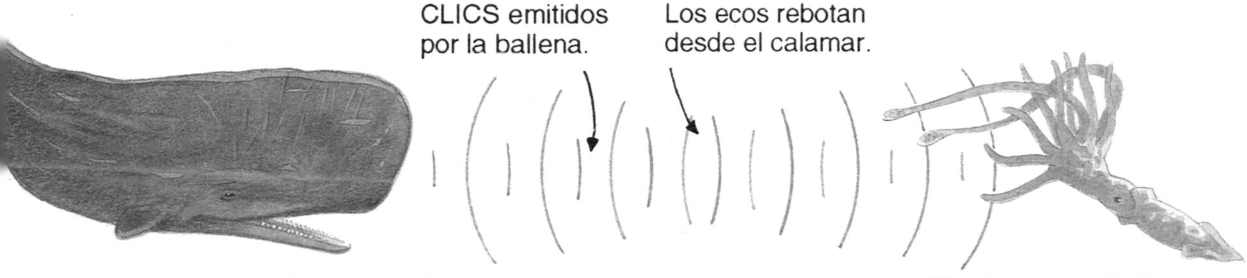

CLICS emitidos por la ballena.
Los ecos rebotan desde el calamar.

La cachalotes pueden sumergirse hasta 3.000 metros de profundidad.

El calamar es el alimento principal del cachalote.

Tamaños de ballenas

Existen ballenas de todo tamaño. Las más pequeñas son los delfines y las marsopas y las más grandes son las ballenas azules. Éstas son los animales más grandes del mundo.

Arrecifes de coral

Los arrecifes de coral son como hermosos jardines subacuáticos. Crecen en mares cálidos y poco profundos, y son el hogar de toda clase de peces y otros animales.

¿Qué son los corales?

Son formaciones originadas por los pólipos o madréporas. Estos animales pequeños viven en grandes colonias y segregan una sustancia que, en grandes masas con formas porosas, se denominan corales.

Ésta es una ampliación de un pólipo de coral cortado por la mitad. Usa sus tentáculos para pinchar zooplancton e introducirlo en su boca.

Tentáculos   Boca

Esqueleto

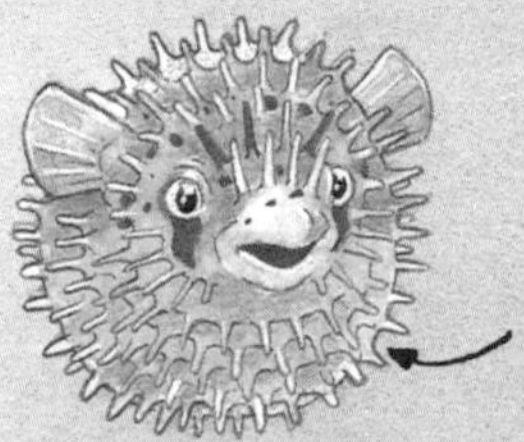

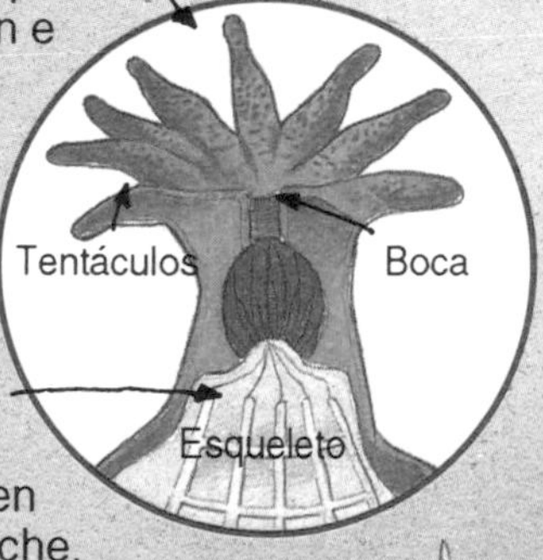

La mayoría de los pólipos de coral se esconden en sus esqueletos con forma de taza durante el día. Salen para comer a la noche.

Los corales, en el transcurso de miles de años, han formado gigantescos arrecifes.

Muchos peces tienen brillantes diseños que los ayudan a esconderse entre los corales.

El pez puercoespín se infla como una pelota con púas para evitar que lo coman.

El pez papagayo tiene fuertes dientes para masticar corales.

Las anémonas marinas son como grandes pólipos de coral. Se alimentan de la misma forma.

Los peces payaso pueden esconderse seguros entre las anémonas marinas sin ser pinchados.

Las almejas gigantes cierran sus conchas cuando están en peligro.

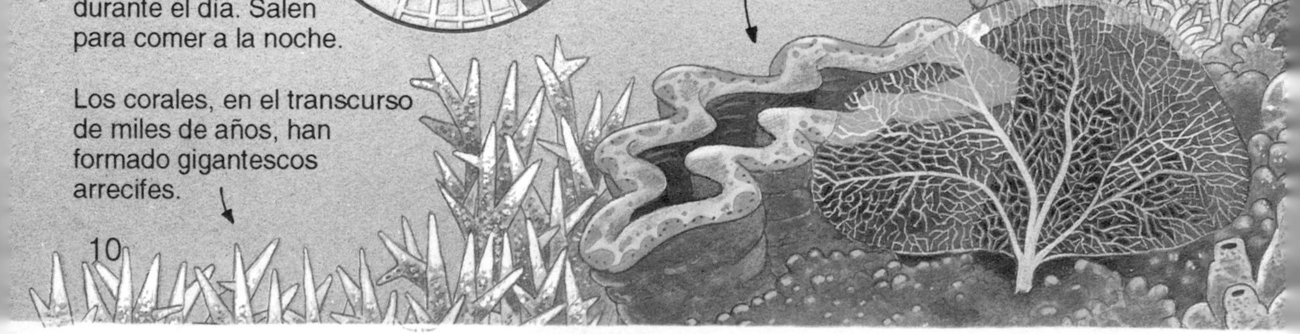

La dura caparazón de la tortuga protege su blando cuerpo.

Los peces tintoreros mordisquean la piel muerta y la comida rancia de otros peces.

Los peces de fuego apuñalan a sus enemigos con sus aletas venenosas. Sus brillantes rayas alertan a los otros, que se escapan.

Los pulpos atrapan cangrejos y otros animales con sus largos tentáculos.

La estrella de mar corona de espinas se alimenta de corales. Ella está destruyendo muchos arrecifes.

Islas de coral

Las islas de coral a menudo comienzan como un fleco de coral que crece alrededor de un volcán submarino.

Vista lateral
Arrecife periférico
La cima del volcán forma una isla.

El lecho del mar se hunde lentamente arrastrando hacia abajo el volcán. El coral crece para formar un arrecife barrera.

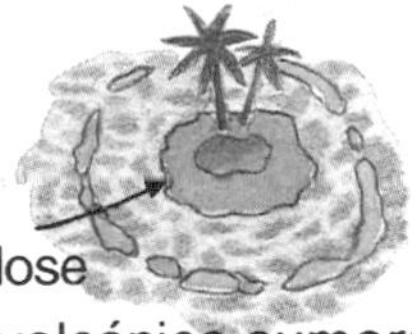

Vista de la cima
Volcán hundiéndose
El arrecife barrera bordea islas a varios metros de la costa.

El cono volcánico sumergido tiene en su borde una acumulación de corales, llamada atolón, en cuyo interior se forma una laguna.

Vista desde arriba
Lago
Los atolones de coral no tienen islas adentro de ellos.

Arrecifes bajo amenaza

Muchos arrecifes son dañados por la gente que arranca corales y por la contaminación. Unos pocos son protegidos ahora como parques marinos.

Mares helados

Los mares más fríos se hallan cerca de los Polos Norte y Sur. Se llaman mares polares. Se congelan en otoño y se derriten en primavera. Aun así, muchos animales viven en ellos o a su alrededor.

Grandes pedazos de hielo flotan en los mares polares. Se llaman témpanos. Algunos se desprenden de ríos de hielo, llamados glaciares, y se deslizan hacia el mar. Otros se desmoronan de cornisas de hielo que sobresalen de la tierra.

Mientras se derriten, los témpanos se rompen en pequeños pedacitos.
Los témpanos lentamente navegan hasta aguas más cálidas donde se derriten.
La mayor parte de un témpano está bajo el agua. Sólo la cima sobresale.
Los pingüinos pueden nadar rápidamente bajo el agua. Pero deben saltar fuera de ella para respirar aire.
Los pingüinos tienen una gruesa capa de grasa y plumas impermeables que los mantienen calientes.
Los pingüinos se sumergen para atrapar peces, kril y calamares.

Pingüinos

Los pingüinos son pájaros marinos que no pueden volar. Usan sus alas como aletas para nadar bajo el agua. La mayoría de los pingüinos vive en los mares polares del sur.

Kril

Una multitud de kril vive en los mares polares. La mayoría de los animales de esos mares, incluyendo las ballenas, que se alimentan allí en el verano, come kril.

Focas

Las focas son mamíferos que viven mayormente bajo el agua. Suben a la superficie para respirar aire. Muchas focas viven en los fríos mares polares.

En invierno las focas anilladas raspan agujeros en el hielo para respirar a través de ellos.

Una capa de grasa y una piel peluda mantienen calientes a las focas.

Las focas anilladas comen peces, kril y langostinos.

El cuerpo de las focas tiene forma de salchicha, adelgazándose en ambos extremos. Esta forma les permite moverse fácilmente bajo el agua, y se llama fusiforme.

Los osos polares

Los osos polares viven cerca del Polo Norte. Son fuertes nadadores, y cazan focas y otros animales en la tierra y en el mar.

Los osos polares tienen grasa y pelaje que los mantienen calientes.

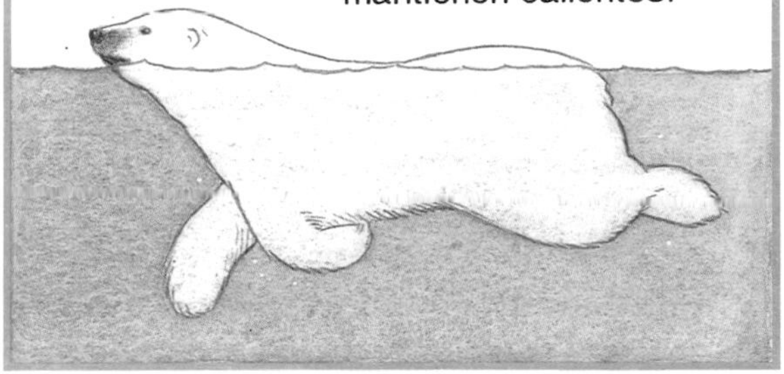

Peces polares

Muchos peces polares, como este bacalao antártico, tienen sustancias químicas especiales en su sangre, que evitan que ésta se congele en las frías aguas.

Buceadores

Los buceadores realizan toda clase de tareas en el mar, desde arreglar tuberías hasta estudiar su lecho. La mayoría sólo se sumerge hasta 50 metros. Estos buceadores acarrean un tanque de oxígeno en su espalda para poder respirar.

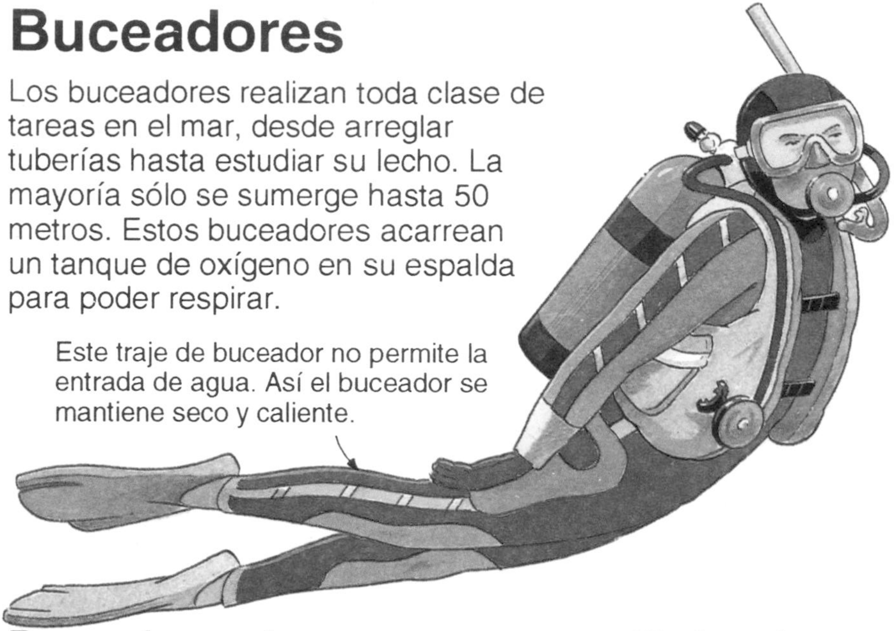

Este traje de buceador no permite la entrada de agua. Así el buceador se mantiene seco y caliente.

Ascendiendo

Mientras los buceadores bajan, el agua presiona sobre ellos desde arriba. Esto se llama presión del agua. Los buceadores deben ascender muy lentamente para acostumbrarse a los cambios de la presión.

Buceadores de mares profundos

Los buceadores de mares profundos trabajan hasta los 350 metros. La mayoría respira una mezcla especial de gases a través de un conducto. Éste baja hacia ellos desde una máquina llamada campana de buzo.

Un conducto acarrea gas. Otro bombea agua caliente alrededor del traje para mantener caliente al buzo.

Trajes duros

Algunos buzos de mares profundos usan trajes duros que los protegen de la presión del agua. Respiran oxígeno de los tanques que llevan dentro de él.

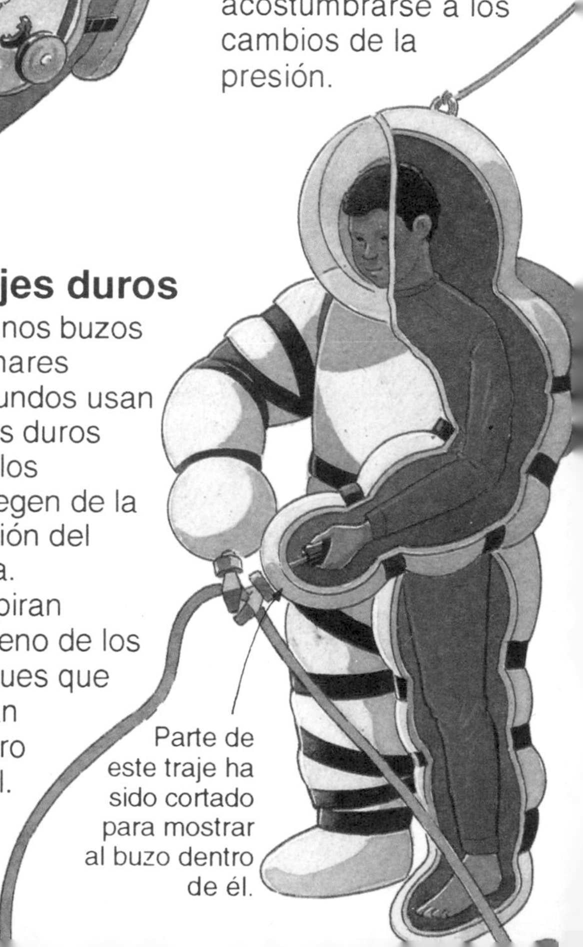

Parte de este traje ha sido cortado para mostrar al buzo dentro de él.

Naufragios

Algunos buceadores exploran restos de naufragios, en el lecho del mar, para saber cómo la gente vivía y navegaba en el pasado. Son llamados arqueólogos subacuáticos.

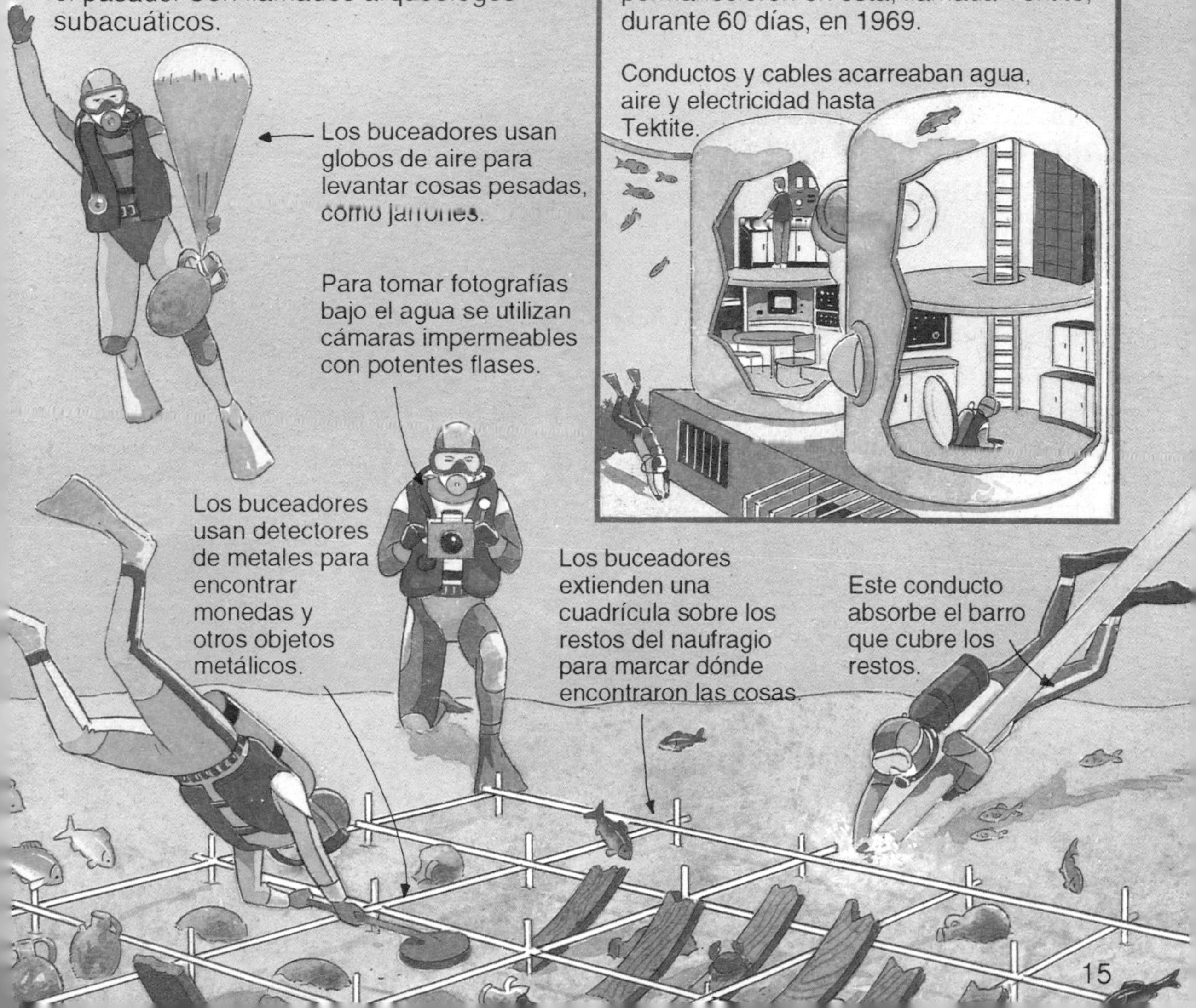

Los buceadores usan globos de aire para levantar cosas pesadas, como jarrones.

Para tomar fotografías bajo el agua se utilizan cámaras impermeables con potentes flases.

Los buceadores usan detectores de metales para encontrar monedas y otros objetos metálicos.

Los buceadores extienden una cuadrícula sobre los restos del naufragio para marcar dónde encontraron las cosas.

Este conducto absorbe el barro que cubre los restos.

Casas bajo el agua

La gente ha tratado de vivir bajo el agua, en casas especiales construidas sobre el lecho del mar. Cuatro científicos permanecieron en ésta, llamada Tektite, durante 60 días, en 1969.

Conductos y cables acarreaban agua, aire y electricidad hasta Tektite.

Vehículos bajo el agua

Los vehículos submarinos, llamados sumergibles, pueden llegar a más profundidad que los buzos. Tienen herramientas especiales para trabajar bajo el agua. Algunos sumergibles transportan personas pero la mayoría son sólo robots controlados desde arriba.

Bajando en los sumergibles

El sumergible francés Nautile puede llevar a la gente hasta 6.000 metros de profundidad. Sus herramientas son controladas por los operarios que están dentro de él.

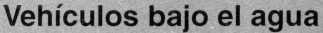

NAUTILE
Lámparas brillantes iluminan las aguas oscuras.
Estos brazos pueden alzar cosas del lecho del mar.
Las cosas interesantes se guardan en esta bandeja para observarlas después.
Las cámaras toman fotos y filman bajo el agua.
Baterías gigantes hace funcionar el Nautile.
La tripulación respira el aire de la cabina. Pueden mirar afuera por las ventanas que están en el frente.
Las fuertes paredes del Nautile lo protegen de la enorme presión del agua sobre su exterior.

Submarinos

Los submarinos son grandes naves subacuáticas, usadas por la marina.

Aquí puedes observar cómo los tanques interiores ayudan a que el submarino suba o baje.

Los tanques se llenan con agua para permitir que el submarino baje. El agua lo hace lo suficientemente pesado como para que se sumerja.

Los tanques se cierran para permitir que el submarino permanezca en la misma profundidad.

Los tanques se llenan con aire para que el submarino sea lo suficientemente liviano como para subir. El aire empuja el agua hacia afuera.

Batiscafo

El batiscafo es un sumergible que explora los océanos más profundos. Abajo tiene una cabina para la tripulación.

En 1960 el batiscafo Trieste se sumergió casi 11 kilómetros, hasta el fondo de la fosa de las Marianas.

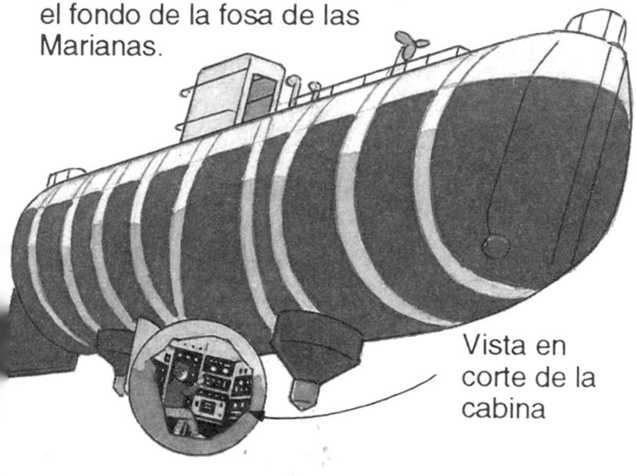

Vista en corte de la cabina

Robots

Los robots subacuáticos también se conocen como ROV. Éste se usa para arreglar y enterrar cables de teléfono en el lecho del mar.

Este ROV abre una zanja en el lecho del mar, para enterrar un cable.

Un cable controla el robot desde arriba.

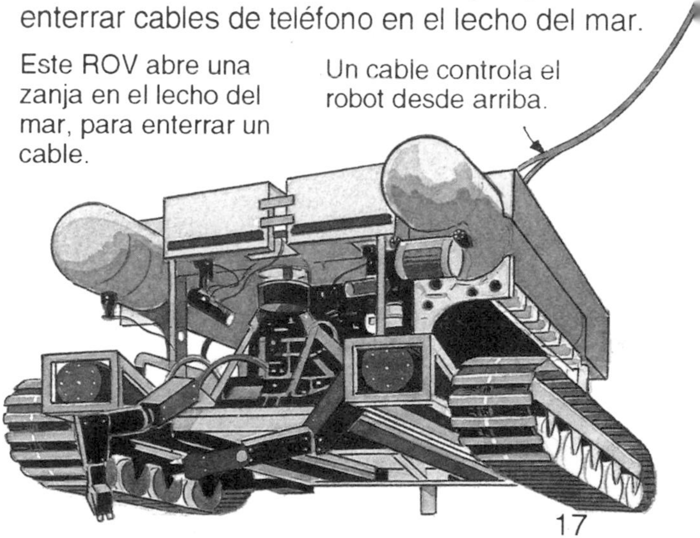

El lecho del mar

La superficie de la Tierra está formada por grandes fragmentos llamados placas. Éstas se mueven lentamente sobre una capa de rocas calientes llamada manto. Aquí mostramos algunas de las placas que forman el lecho del mar.

Los volcanes submarinos se formaron con roca derretida, llamada magma, que sube a través del lecho del mar. El magma se enfría y se endurece formando capas de roca. Lentamente se agranda hasta convertirse en un volcán.

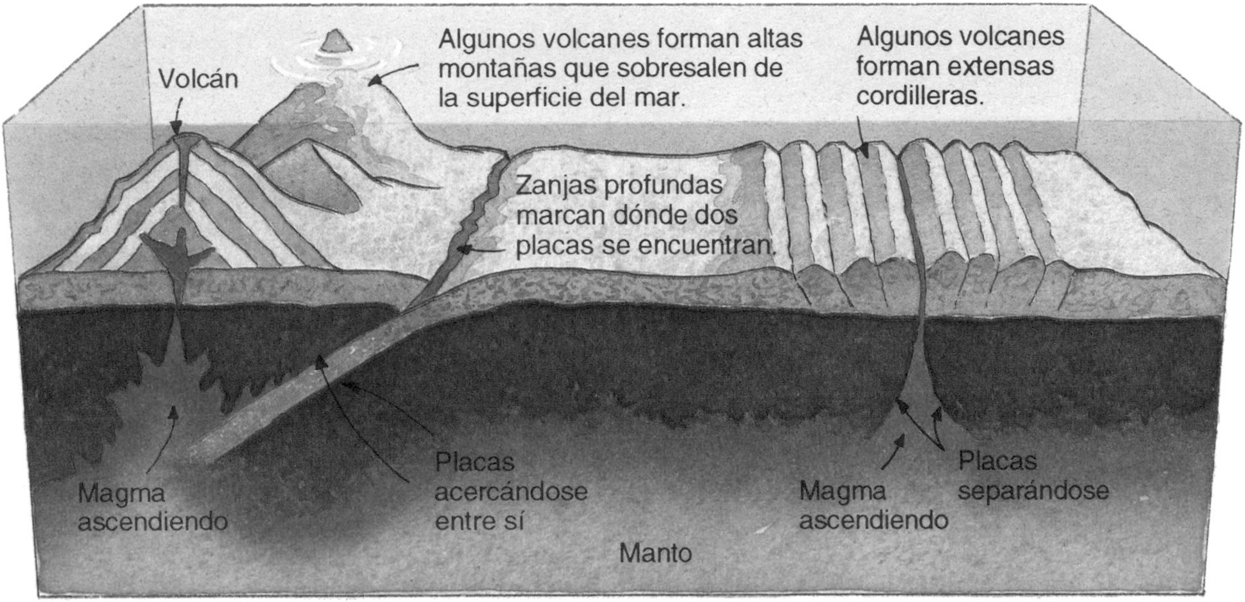

Volcán
Algunos volcanes forman altas montañas que sobresalen de la superficie del mar.
Algunos volcanes forman extensas cordilleras.
Zanjas profundas marcan dónde dos placas se encuentran.
Magma ascendiendo
Placas acercándose entre sí
Manto
Magma ascendiendo
Placas separándose

El lecho del mar desaparece

El lecho del mar se está destruyendo continuamente. Cuando dos placas se acercan entre sí, una de ellas se desliza bajo la otra. Parte se derrite y se transforma en magma. Ésta puede ascender y formar volcanes.

Nuevo lecho del mar

Siempre aparece un nuevo lecho del mar. Sucede cuando dos placas se separan. El magma sube para llenar la grieta y al enfriarse forma extensas cordilleras submarinas originando un nuevo lecho.

Manantiales calientes

Los científicos han encontrado manantiales calientes cerca de los bordes de las placas. Aquí el agua de mar se filtra a través de las grietas del lecho del mar y es calentada, abajo, por rocas calientes. Asciende otra vez a través del lecho del mar y forma chorros de agua caliente.

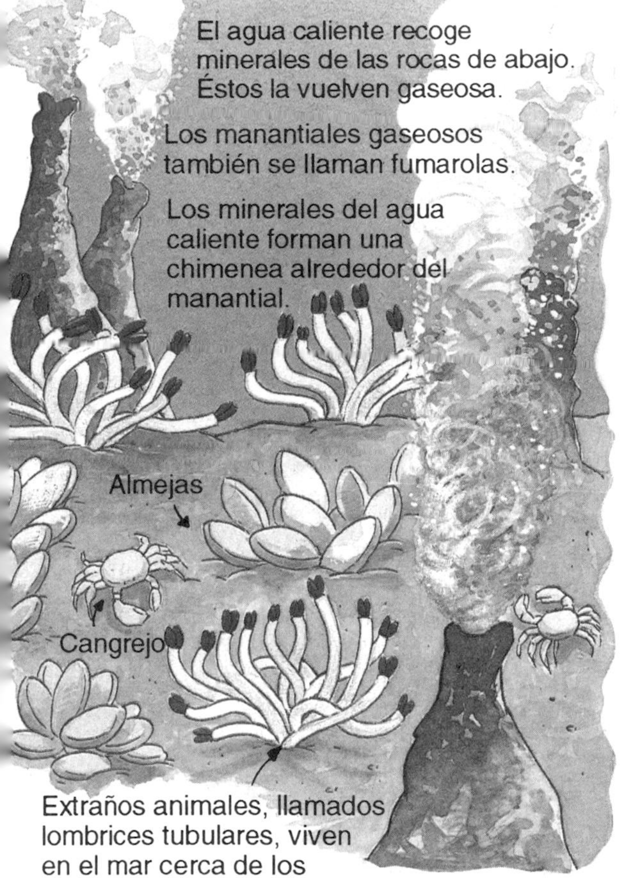

El agua caliente recoge minerales de las rocas de abajo. Éstos la vuelven gaseosa.
Los manantiales gaseosos también se llaman fumarolas.
Los minerales del agua caliente forman una chimenea alrededor del manantial.
Almejas
Cangrejo
Extraños animales, llamados lombrices tubulares, viven en el mar cerca de los manantiales calientes.

¿Cuán profundo es el océano?

Las personas averiguan la profundidad del océano tomando el tiempo que tarda un sonido en producir un eco al volver desde el lecho del mar. Ellas marcan las diferentes profundidades para hacer un mapa del lecho del mar.

Ondas de sonido
Ecos
Una máquina llamada sonda acústica emite sonidos y toma el tiempo de la llegada de sus ecos, mientras el barco navega.

Túneles bajo el mar

Gigantes máquinas perforadoras pueden construir túneles a través del lecho del mar. El más grande túnel ferroviario bajo el mar es el del Canal de la Mancha, entre Inglaterra y Francia.

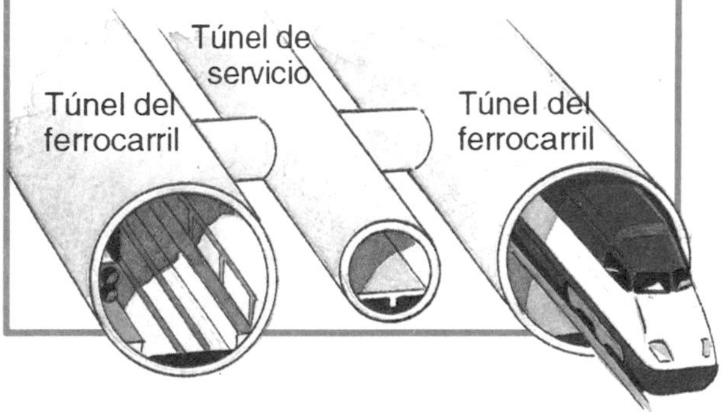

Perforaciones petroleras

Gigantescos equipos de perforadoras buscan petróleo muy por debajo del lecho del mar. Algunos equipos se alzan sobre éste y otros flotan sobre tanques, en el agua. Deben ser lo suficientemente fuertes para resistir los mares embravecidos y el mal tiempo.

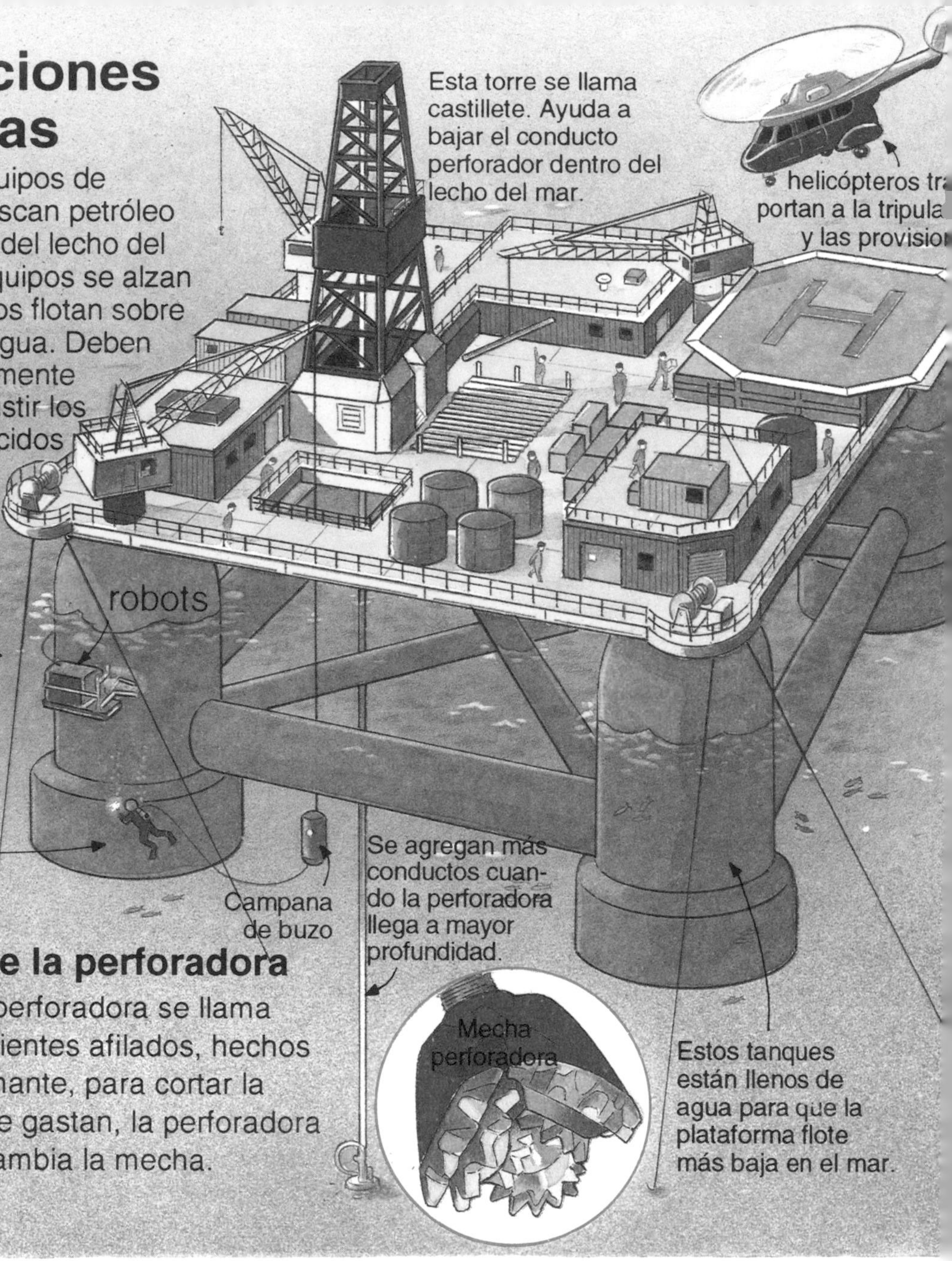

Esta torre se llama castillete. Ayuda a bajar el conducto perforador dentro del lecho del mar.
helicópteros tr
portan a la tripula
y las provisio
Fuertes cadenas y anclas mantienen la plataforma asegurada sobre el lecho del mar.
robots
Buceadores y robots revisan el equipo y realizan arreglos bajo el agua.
Campana de buzo
Se agregan más conductos cuando la perforadora llega a mayor profundidad.
Mecha perforadora
Estos tanques están llenos de agua para que la plataforma flote más baja en el mar.

La mecha de la perforadora

La punta de la perforadora se llama mecha. Tiene dientes afilados, hechos de acero o diamante, para cortar la roca. Cuando se gastan, la perforadora se eleva y se cambia la mecha.

Bombeando petróleo

Una vez que se encuentra petróleo, ese equipo se retira y una plataforma de producción más grande se instala para perforar más pozos y bombear el petróleo.

Llevando el petróleo a la costa

Conductos y tanques llevan el petróleo hasta la costa. Luego es usado para fabricar combustibles, electricidad, plásticos, pinturas, pegamentos, etc.

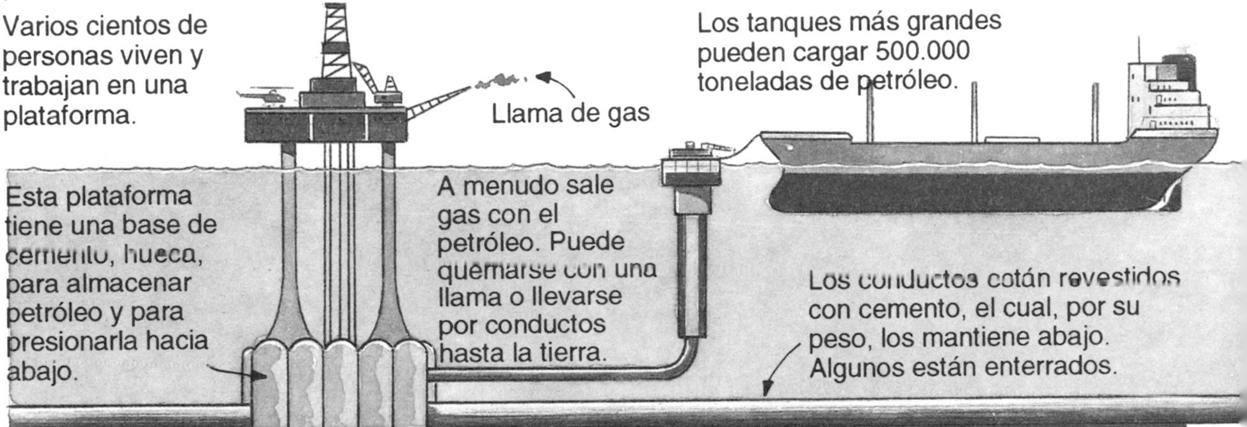

Varios cientos de personas viven y trabajan en una plataforma.
Llama de gas
Los tanques más grandes pueden cargar 500.000 toneladas de petróleo.
Esta plataforma tiene una base de cemento, hueca, para almacenar petróleo y para presionarla hacia abajo.
A menudo sale gas con el petróleo. Puede quemarse con una llama o llevarse por conductos hasta la tierra.
Los conductos están revestidos con cemento, el cual, por su peso, los mantiene abajo. Algunos están enterrados.

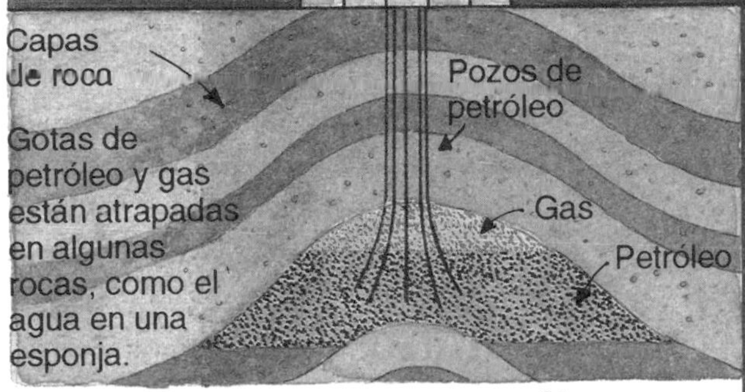

Capas de roca
Pozos de petróleo
Gotas de petróleo y gas están atrapadas en algunas rocas, como el agua en una esponja.
Gas
Petróleo

Cómo se forma el petróleo

El petróleo se forma, durante el transcurso de miles de años, con pequeñísimos animales marinos muertos que fueron cubiertos por barro, el cual se transformó en rocas. Éstas aplastaron los restos en descomposición formando petróleo y gases.

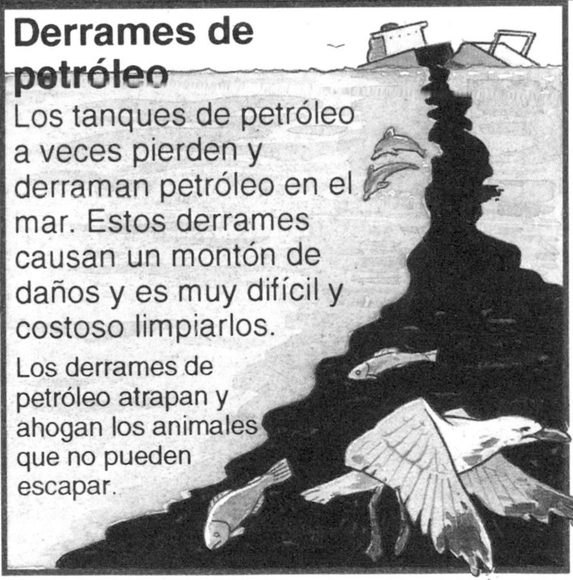

Derrames de petróleo

Los tanques de petróleo a veces pierden y derraman petróleo en el mar. Estos derrames causan un montón de daños y es muy difícil y costoso limpiarlos.

Los derrames de petróleo atrapan y ahogan los animales que no pueden escapar.

Utilizando el mar

La gente ha pescado en el mar para alimentarse, durante miles de años. Hoy, grandes barcos pesqueros pueden atrapar enormes cantidades de peces, de una sola vez, con redes gigantes.

Crustáceos

En el mar encontramos toda clase de crustáceos. Se pescan generalmente en mares poco profundos, cerca de la costa.

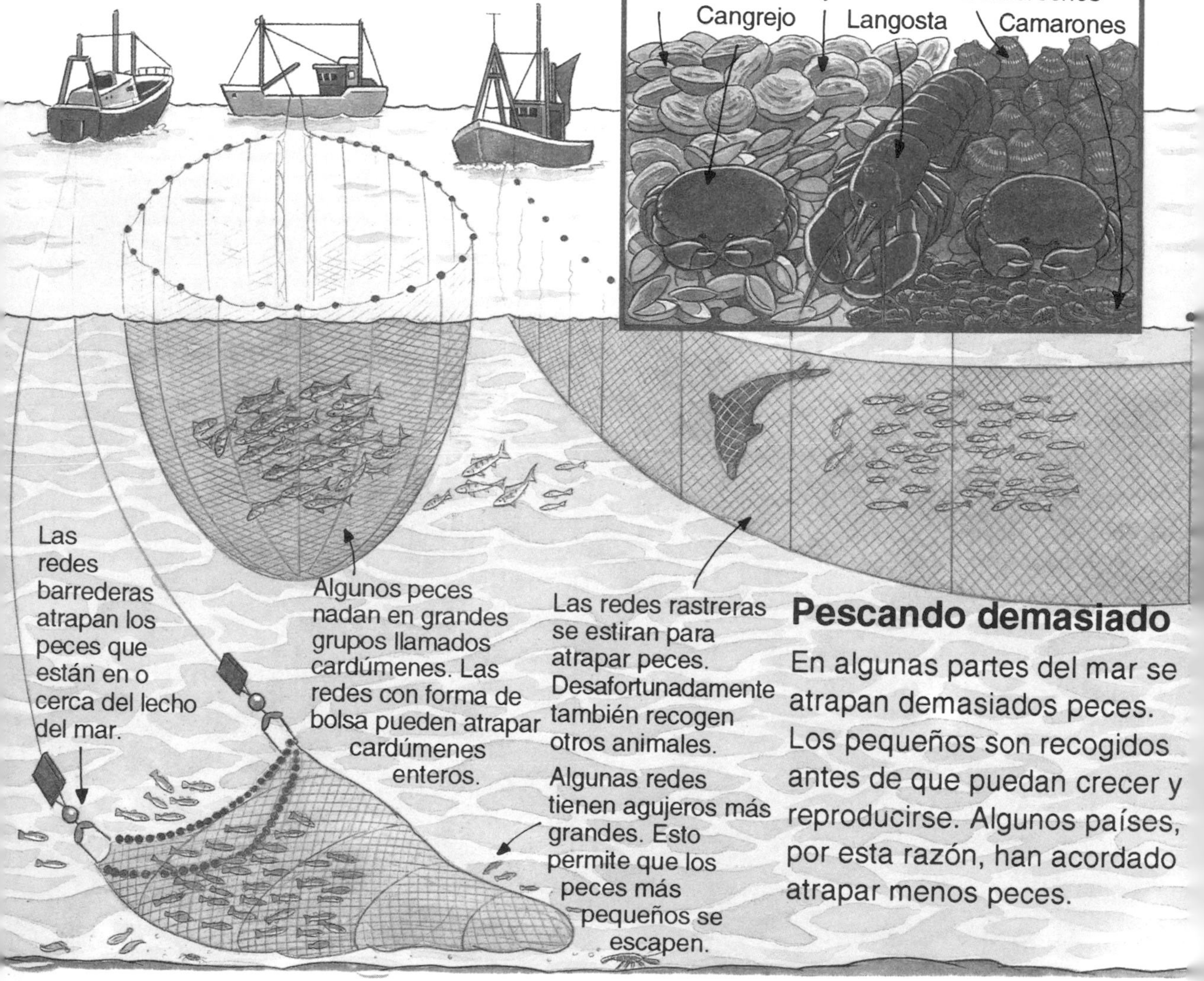

Ostras
Cangrejo
Mejillones
Langosta
Berberechos
Camarones
Las redes barrederas atrapan los peces que están en o cerca del lecho del mar.
Algunos peces nadan en grandes grupos llamados cardúmenes. Las redes con forma de bolsa pueden atrapar cardúmenes enteros.
Las redes rastreras se estiran para atrapar peces. Desafortunadamente también recogen otros animales.
Algunas redes tienen agujeros más grandes. Esto permite que los peces más pequeños se escapen.

Pescando demasiado

En algunas partes del mar se atrapan demasiados peces. Los pequeños son recogidos antes de que puedan crecer y reproducirse. Algunos países, por esta razón, han acordado atrapar menos peces.

Extrayendo minerales

También se extraen del mar rocas útiles, minerales y piedras preciosas.

La arena y la grava son sacadas del lecho del mar, cerca de la costa y utilizadas en la construcción.

En algunos países calurosos se recoge el agua del mar cerca de la costa, en fuentes planas. Al secarse al sol, sólo queda la sal.

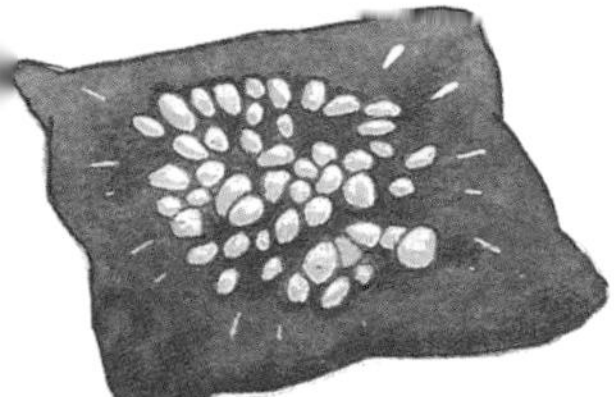

Los diamantes son extraídos del lecho del mar[1] que rodea el sudoeste de África.

En el lecho del mar, bajo el Océano Pacífico, yacen grandes terrones de un metal valioso llamado manganeso. Quizás algún día los exploten.

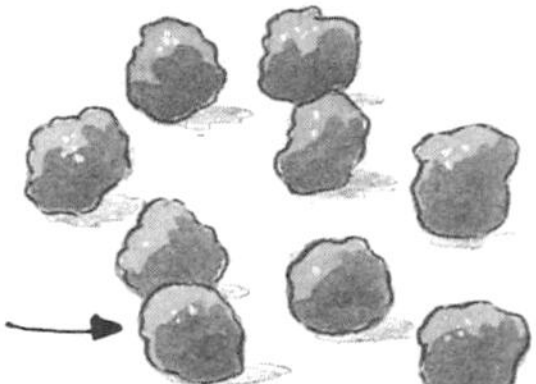

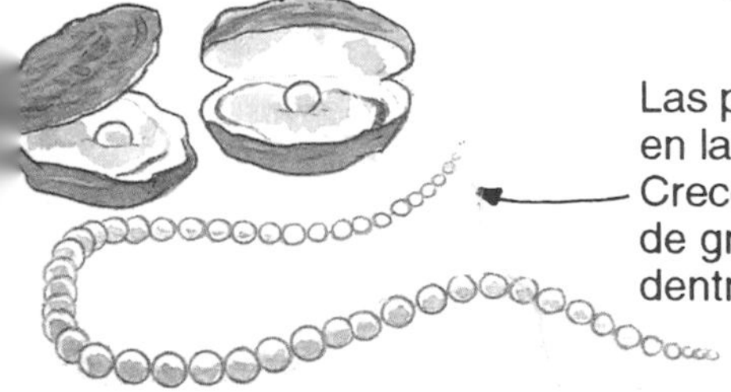

Las perlas se hallan en las ostras. Crecen alrededor de granos de arena, dentro de la ostra.

Manteniendo limpio el mar

La gente vuelca en el mar residuos de las fábricas, de los sistemas cloacales y de las estaciones de energía nuclear. Demasiados residuos pueden contaminar el agua. Los países deben trabajar juntos para mantener limpios los mares.

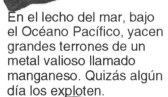

Las aguas contaminadas pueden envenenar los peces y otros animales.
Redes abandonadas y otro tipo de desechos pueden atrapar o ahogar los animales.

[1] También se extraen de la cordillera.

Índice

Impreso en Establecimientos Gráficos Libris S. R. L. Mendoza 1523 (1824) Lanús Oeste. Buenos Aires. República Argentina, marzo de 1995.